DISCOURS

Prononcé le 8 mai 1878, sur la tombe

DE

TABOURIN

Ancien professeur à l'Ecole vétérinaire de Lyon

AU NOM DE LA

Société de Médecine vétérinaire de Lyon et du Sud-Est

PAR SON PRÉSIDENT

F. QUIVOGNE

Vétérinaire à Lyon

LYON

IMPRIMERIE GÉNÉRALE DU RHONE

R. Portier, rue Belle-Cordière, 14

—

1878

Messieurs, mes chers collègues,

La mort continue son œuvre terrible parmi nous !

Après Rodet, c'est Tabourin que nous accompagnons aujourd'hui dans ce solennel séjour du silence et de l'éternel repos où ces deux maîtres vénérés, ces deux amis, se trouvent désormais réunis pour toujours !

Mais lorsque nous adressions à Rodet, ici même, et au nom de tous les anciens élèves de l'Ecole de Lyon, un suprême et dernier adieu, nous étions loin de supposer que, bientôt, un nouveau deuil professionnel allait nous imposer le douloureux honneur d'accomplir le même devoir sur la tombe de Tabourin, au nom de tous ces mêmes collègues et plus spécialement, au nom de notre jeune Société de médecine vétérinaire de Lyon et du Sud-Est, dont notre cher maître eût été heureux de saluer la récente fondation et d'encourager les premiers pas.

Si, dans cette circonstance douloureuse, je réunis en-

semble deux noms vénérés : Rodet et Tabourin, qui resteront
l'honneur et la gloire de la profession tout entière et de l'E-
cole vétérinaire de Lyon en particulier, c'est que, malgré des
dissemblances de caractère et de tempérament, que nous
connaissions tous, jamais peut-être deux hommes ne pour-
suivirent plus exactement et plus énergiquement le même
but. Tous les actes de leur vie professionnelle étaient ins-
pirés par un dévouement sans bornes et absolu à notre médecine vétérinaire, que ces chers maîtres s'efforçaient incessamment de rehausser ; qu'ils aimaient, non-seulement parce
qu'elle en est digne, mais aussi parce qu'ils lui devaient la
haute situation scientifique qu'ils avaient su conquérir si vaillamment l'un et l'autre.

Si Rodet et Tabourin furent, en effet, Messieurs, deux
individualités si remarquables et si puissantes, c'est qu'ils
appartenaient à cette classe particulière de travailleurs qui
semblent vivre en dehors de notre société moderne, dont ils
ne veulent connaître ni les ambitions effrénées ni les intrigues,
et que l'on peut appeler : les hommes du Devoir !

Le Devoir et tout le Devoir ! Telle fut bien, Messieurs, la
noble devise qui inspira toujours les actes et dirigea la vie
entière de l'homme que nous pleurons aujourd'hui ! Tabourin
n'eut jamais d'autre guide que cette grande pensée, dont il
s'était fait une véritable loi. Et tous mes collègues savent
aussi, qu'il ne cessa jamais — par la parole et par l'exemple
— d'inculquer cette sage et vivifiante maxime dans l'esprit
et le cœur de ses élèves.

Aucun maître ne fut plus que Tabourin l'esclave de cette
exactitude rigoureuse, de cette discipline sévère; si indis-
pensable à la jeunesse, mais qu'il s'imposait à lui-même,

vis-à-vis de ses chers élèves, et malgré l'état d'une santé chancelante, avec laquelle les devoirs du professorat lui empêchèrent toujours de transiger !

Qui de nous, mes chers collègues, lorsque nous songeons à ces bruyantes années d'Ecole, toujours regrettées, ne revoit par la pensée ce cher maître , venant prendre gravement possession de sa chaire avec cette physionomie que son énergique volonté s'efforçait de rendre calme et sereine, mais derrière laquelle se cachaient des douleurs physiques, que chacun de nous devinait et que cette volonté de fer ne parvenait pas toujours à surmonter !

Malgré cet état maladif, qui réclamait impérieusement du calme et du repos, la leçon du maitre n'en avait pas moins lieu ponctuellement et à heure fixe. Il voulait accomplir son devoir !

Et c'était toujours, n'est ce pas messieurs et chers collègues, les leçons savantes, claires, précises et méthodiques dont le souvenir ne s'effacera jamais de notre esprit !

Malgré des souffrances, souvent visibles, la parole de notre savant maître conservait imperturbablement ce calme inaltérable, cette lucidité, cette clarté sans égale, cet accent de persuasion qui doivent être les qualités maîtresses et primesautières de quiconque est appelé, comme Tabourin, à la grande et difficile mission d'instruire la jeunesse !

Sorti de son petit village de la Creuse, sans fortune, et sans projets d'avenir assurés, après avoir fait de brillantes études à l'Ecole vétérinaire de Lyon, Tabourin n'essaya même pas d'affronter les pénibles épreuves de la clientèle civile.

Ce ne fut pas à la suite d'espérances déçues ou de déboires éprouvés dans la pratique de la médecine-vétérinaire , que notre cher maître choisit, alors, la carrière de l'enseignement.

Tabourin entra dans cette voie pour ainsi dire naturellement, instinctivement , parce que ses goûts, ses tendances, ses aptitudes, le poussaient dans cette direction et lui disaient sans doute, qu'il était fait et bien fait pour consacrer à cette grande et belle mission du professorat, tout son dévouement, toute son intelligence, toutes ses forces et — je ne crains pas de le dire — toute sa vie !...

C'est pour cela, Messieurs, que Tabourin devint promptement, pour tous ses élèves, un maître célèbre et pour ses savants collègues, un modèle incontestable !

Personne, d'ailleurs, n'aimait plus ardemment que Tabourin les sciences qu'il avait mission d'enseigner. Sous ce rapport, c'était de la part de notre cher maître, une sorte d'idolâtrie. Tous ses travaux, si importants et si nombreux, toutes ses recherches, tous ses efforts convergeaient vers l'étude et l'application de ces sciences spéciales, qu'il ne pouvait même pas entendre qualifier de *sciences accessoires* pour notre médecine !

En défendant avec une telle énergie et un pareil amour ces sciences auxquelles il avait consacré toute sa vie de labeurs incessants, Tabourin restait toujours fidèle à sa noble devise : Il accomplissait son devoir !

Et rien , Messieurs, ne pouvait distraire le maître dans cette circonstance, car, jamais il n'eut même l'idée d'ajouter aux exigences que lui imposait son enseignement, les préoccupations étrangères de la clientèle civile, qui ne peuvent jamais se concilier avec les devoirs impérieux du Professorat.

C'est peut-être bien pour ce motif, messieurs, que Tabourin ressentait une joie si vive à la seule nouvelle qu'un de ses anciens élèves avait sû conquérir, par son travail, son intelligence et sa conduite, cette estime publique qui est pour nous tous, mes chers amis, la première et souvent la seule récompense que nous puissions envier !

De loin comme de près, Tabourin n'oubliait aucun de nous ; il se souvenait de tous et aurait voulu pouvoir donner encore à tous, l'appui de sa haute situation pour aplanir cette route si dure, si difficile, si remplie d'embûches et de déboires que nous sommes forcément obligés de parcourir, nous, vétérinaires civils, nous mes chers collègues, que Tabourin aimait si vivement, sans doute parce que nous sommes les délaissés et les véritables pionniers de la profession !

Si je me permets d'affirmer ici les sentiments intimes de Tabourin pour ses anciens élèves, c'est que, pendant plus de vingt années, j'ai eu le bonheur et le privilège inappréciable de vivre dans l'intimité de notre cher maître, en quelque sorte sous son regard, près de lui, à côté de lui, épanchant incessamment mon cœur dans le sien, sans avoir jamais lassé la sollicitude toute paternelle de cette nature si bonne, si généreuse et si droite.

C'est encore à ce titre d'ami et même de confident — qu'il me soit permis de le dire ici, Messieurs, — que je puis affirmer que ce fut le cœur nàvré et rempli de douleur, que Tabourin quitta cette école de Lyon, qu'il avait si vivement honorée, et au sein de laquelle s'était passée tout entière, cette vie de travail que nous connaissons tous.

Personne, évidemment, n'avait mieux et plus vaillamment gagné que notre cher maître, les quelques années de repos qu'il semblait si vivement désirer, surtout depuis la mort de son ancien ami et excellent collègue Rodet. Entrevoyant alors que sa tâche était désormais finie, vis-à-vis de cette Ecole qu'il avait tant aimée, le cher maître s'efforça de croire qu'il pourrait trouver ailleurs, sous un climat plus hospitalier, loin, bien loin de tout ce qui l'avait rattaché à la vie, le calme si nécessaire à ce pauvre cœur brisé et le repos physique que réclamait sa santé chancelante, si vivement ébranlée par des secousses et des douleurs dont cette tombe doit emporter aujourd'hui jusqu'au souvenir !

Oui, messieurs, Tabourin crut ou, plutôt, fit semblant de croire à ce repos, à ce calme à ce lambeau de bonheur futur qu'il poursuivait, hélas! depuis si longtemps et qu'il s'efforçait de nous faire entrevoir afin, sans doute, de calmer encore la douleur que nous causait cette séparation ! Mais ses amis lisaient au fond de ce grand et brave cœur, dans lequel se passait alors une lutte douloureuse entre le passé dont voulait se séparer Tabourin, parce qu'il le connaissait, et un avenir auquel il aimait à se rattacher, parce qu'il ne le connaissait pas ! Malgré nos supplications, nos observations et nos prières, ce fut ce dernier parti qui l'emporta.

Mais lorsqu'il fallut définitivement quitter sa chaire, abandonner son laboratoire, dire adieu à toutes ces jeunes intelligences dont il dirigeait, depuis si longtemps, les travaux avec autant de bonheur que de soin, Tabourin s'aperçut qu'il s'agissait bien de la détermination la plus pénible et la plus dure qui pût lui être imposée ! Notre cher maître refoula alors ces nouveaux regrets au fond de son cœur ; et, afin de ne rien emporter avec lui qui pût, à un certain moment, les faire renaître, Tabourin se sépara de tout ce qui avait fait sa vie, son intérieur, son foyer ! Il quitta la France pour l'Algérie et n'emporta avec lui, comme souvenir de la mère-patrie, que l'estime publique dont il jouissait dans sa ville adoptive, que la juste considération de tous ses collègues et les regrets profonds de tous ses anciens élèves !

Mais le cher maître avait trop compté sur ses propres forces ! Ni le climat d'Alger, ni les amitiés nombreuses et sincères qu'il contracta bien vite dans son nouveau pays d'adoption ne purent remplacer la patrie absente, ou les souvenirs dont il espérait cependant avoir effacé jusqu'à la trace ! La nostalgie du passé s'empara de cette grande âme brisée ! Et c'est sous ce beau ciel d'Alger, que notre cher et vénéré maître trouva la fin de ces douleurs, de ces souffrances, qui agitèrent si vivement cette existence si tourmentée et si bien remplie ! Peut-être, Messieurs, était-ce là le bonheur que Tabourin désirait et qu'il avait entrevu !....

La séparation qu'avait cherchée Tabourin fut donc complète, absolue, définitive.

Notre cher maître mourut seul, sans pousser une plainte, sans exprimer un regret et sans avoir entendu la voix d'un ancien ami pour consoler ses derniers moments !

Un ancien élève de Tabourin, un ami, un confident dévoué put, du moins, recueillir et accompagner les dépouilles mortelles de notre cher et vénéré maître ! Que notre cher collègue et excellent ami reçoive , ici même, l'epression de notre plus profonde gratitude !

Adieu donc, cher maître ! Adieu ! au nom de tous les collègues, que j'ai l'honneur de représenter ici ! Adieu ! au nom de tous ceux que tu aimais ! Et puisse ta mémoire nous servir toujours et à tous de guide et de modèle en nous inspirant de ta grande et noble devise :

Faire son devoir et tout son devoir !

Lyon. — Imprimerie Générale du Rhône, R. Portier.

LYON. — IMPRIMERIE GÉNÉRALE DU RHÔNE